SYNDICAT GÉNÉRAL

DES CHAMBRES SYNDICALES

DU COMMERCE EN GROS DES VINS ET SPIRITUEUX DE FRANCE

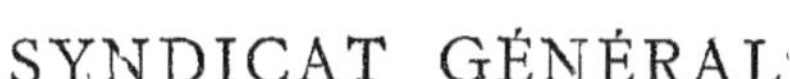

PROJET DE RÉFORME

DE L'IMPOT DES BOISSONS

EXPOSÉ DES MOTIFS

ARGENTAN

IMPRIMERIE VEUVE POTET, RUE DE LA POTERIE

1880

PROJET DE RÉFORME

DE

L'IMPOT DES BOISSONS

SYNDICAT GÉNÉRAL

DES CHAMBRES SYNDICALES

DU COMMERCE EN GROS DES VINS ET SPIRITUEUX DE FRANCE

PROJET DE RÉFORME

DE L'IMPOT DES BOISSONS

EXPOSÉ DES MOTIFS

ARGENTAN

IMPRIMERIE VEUVE POTET, RUE DE LA POTERIE

1880

SYNDICAT GÉNÉRAL

DES CHAMBRES SYNDICALES
DU COMMERCE EN GROS DES VINS ET SPIRITUEUX DE FRANCE

PROJET DE RÉFORME DE L'IMPOT DES BOISSONS

EXPOSÉ DES MOTIFS

MESSIEURS,

Dans sa séance du 27 janvier dernier, le Syndicat général a nommé une commission de neuf membres à laquelle il a donné mandat de préparer un projet de réforme de l'impôt des boissons.

La tâche était rude, mais votre Commission n'a pas reculé, elle s'est mise résolument à l'œuvre.

Quarante-deux projets de réforme émanant des différents Syndicats des départements et de plusieurs négociants en liquides, ont été étudiés par elle avec le plus grand soin et la plus scrupuleuse attention.

La Commission, à la majorité, a admis ce principe.

L'impôt des boissons doit être payé par les boissons. Quel est le meilleur moyen pour arriver à ce résultat, tout en débarrassant le commerce des liquides des entraves qui le gênent et nuisent à son développement ?

Quel est aussi le système de perception le plus simple, le plus productif pour le Trésor, et le moins profitable à la fraude ?

Après une longue et laborieuse étude, votre Commission s'est arrêtée au projet qu'elle a l'honneur de vous soumettre ci-après :

Le principal but qu'elle a voulu atteindre a été la *liberté de la circulation*, c'est la chose indispensable, sans laquelle le commerce des liquides n'est plus possible ; elle a constaté ce fait, que sur dix procès-verbaux de Régie, neuf au moins sont faits en cours de circulation de la marchandise.

Le transport a lieu soit en retard, soit en avance de quelques minutes sur l'heure fixée par le titre de mouvement.

Le degré alcoolique reconnu sur la voie publique, c'est-à-dire d'une façon forcément très-inexacte, varie quelquefois de 1 et même 2 degrés.

Le voiturier chargé du transport est quelquefois obligé, par une infinité de motifs qu'il serait trop long d'énumérer, de s'écarter de la route directe.

D'autre fois, retardé par un cas de force majeure, par un accident, par un coulage, il est dans l'impossibilité de le faire constater même dans l'intérieur d'une ville.

Le voilà alors exposé à des procès-verbaux toujours suivis d'amendes très-lourdes s'il ne consent à se livrer pieds et poings liés au Directeur de la Régie, qui, étant juge et partie, lui impose une transaction en vertu de son pouvoir quasi-discrétionnaire.

Plaidera-t-il ? Sa condamnation est certaine, et alors le malheureux est à peu près assuré que le maximum de la peine lui sera appliqué.

Il ne doit pas arriver d'accident à celui qui transporte des boissons, la Régie ne l'admet pas.

Chose immorale et que l'on comprend difficilement dans un pays comme la France qui se dit avec raison la première des nations civilisées : *Les employés qui verbalisent touchent une prime de moitié sur les amendes qui sont la suite de leurs procès-verbaux, de même qu'il est accordé un tiers dans les amendes et confiscations au dénonciateur.*

C'est monstrueux et cependant cela se pratique tous les jours.

Une autre chose tout aussi révoltante :

Les Directeurs de Régie exigent quand même des procès-verbaux de leurs employés ; tous les jours ils les menacent de les envoyer en disgrâce dans de petits postes s'ils ne font pas de procès-verbaux; en vain certains employés consciencieux répondent-ils que, malgré toute leur surveillance, ils ne rencontrent que des gens en règle avec la loi.

Le Directeur répond invariablement qu'il lui faut des procès-verbaux ; il faut bien que la Régie prouve tous les jours qu'elle existe, qu'elle surveille..... qu'elle est utile, indispensable !!!

En sorte que la plupart des employés poussés par le désir de ne pas encourir de disgrâce et quelquefois aussi aiguillonnés par des besoins d'argent *(car, hélas! si l'état-major est grasssement payé, les employés subalternes et surtout ceux qui ont de la famille, gagnent à peine de quoi vivre)* se laissent aller à des procès-verbaux que souvent leur conscience réprouve, mais il faut obéir et vivre surtout, eux et leur famille.

Un de nos honorables Députés, avec sa grande compétence dans ces matières, a dit : « C'est un reste de barbarie qu'il est temps de faire disparaître. »

Il serait difficile de porter un jugement plus droit et plus juste.

Alors que le commerce des boissons est libre comme tous les autres commerces dans presque toutes les nations européennes, en France, il est en butte à toutes sortes de vexations qui blessent sa dignité, à toutes sortes d'obligations qui le gênent, l'entravent et arrêtent son développement.

Pourquoi ce commerce ne jouirait-il pas des mêmes libertés que les autres ?

Pourquoi le transport des boissons ne s'effectuerait-il pas aussi librement que celui du drap, de la soie ou du cuir ?

Nous savons tous que les boissons doivent une taxe, que le budget leur demande annuellement *quatre cents millions.*

Nous ne refusons pas de payer, mais cela fait, que l'on nous laisse travailler aussi librement que les autres.

C'est en s'inspirant de ces idées que votre Commission a demandé la liberté absolue de la circulation.

La loi de 1816 n'est plus de notre époque, il nous faut une loi mieux en harmonie avec les besoins de notre société. Elle n'est malheureusement pas la seule qui doit disparaître, car avec cet arsenal de lois fiscales qui commence au Décret du 6 août 1791 et finit à 1875, il est impossible que le commerçant de boissons puisse faire un pas s'en s'exposer à une contravention s'il a affaire *(et c'est le plus souvent)* à des employés de Régie qui sont à l'affût d'un procès-verbal.

C'est pourquoi votre Commission place en tête de son projet : « l'abro-« gation de toutes les lois, ordonnances et décrets relatifs à l'impôt des « boissons, et leur remplacement par une loi claire, précise et sauvegardant « les intérêts du Trésor, tout en ménageant ceux du commerce. »

Convaincue que la doctrine du grand économiste H. Passy est la seule juste et applicable, celle qui évite le mieux les inconvénients et les vexations en matière d'impôt :

« Le meilleur palliatif à ces inconvénients, à ces vexations, c'est de *« taxer, autant que possible, les produits à leur origine ; lorsqu'il en* *« est ainsi, les choses sujettes aux droits n'entrent dans la circulation* *« qu'après avoir acquitté leur dette fiscale, il n'est pas nécessaire d'en* *« suivre le déplacement. Il y a moins de gêne pour le contribuable,* *« moins de frais pour l'Etat, et moins de facilité pour la fraude. »*

Votre Commission demande, pour les vins, le payement du droit à l'enlèvement chez le producteur, pour l'alcool, à l'enlèvement chez le fabricant.

En même temps qu'il simplifiera toutes les formalités imposées actuellement, ce nouveau système aura l'avantage de procurer une grande économie au Trésor.

Les partisans de l'ordre de choses actuel ne manqueront pas de dire que le commerce veut s'affranchir de l'exercice pour le rejeter sur 2 millions 500 mille propriétaires récoltants.

Cette accusation a déjà été lancée : il nous sera facile de la réduire à néant.

Le vin étant le produit direct du sol, votre Commission propose de classer l'impôt qui le frappe au nombre des impôts directs.

On arrivera alors à ce résultat :

L'impôt sur les vins sera perçu, sans un centime d'augmentation de frais, par l'Administration des Contributions directes.

Tous les ans, en faisant leurs visites pour établir la taxe sur la propriété immobilière, portes et fenêtres, etc., etc., les agents des Contributions directes recevront en même temps les déclarations des producteurs de vin.

La loi devra forcément être très-tolérante pour les erreurs réputées de bonne foi dans les déclarations des producteurs de vin ; dans les grands vignobles surtout, le vigneron peut quelquefois, et sans la moindre idée de fraude, même lorsque sa récolte est en cuve, avoir dans son appréciation des différences de 4 et 5 %.

Il devra en être de même pour les déchets résultant des ouillages et soutirages dans les celliers.

Voici quels sont les chiffres que votre Commission a pris pour base lorsqu'elle a demandé pour les vins la taxe unique de 3 francs par hectolitre.

ll se livre annuellement à la consommation en France 50 millions d'hectolitres de vin.

Nous estimons, et en cela nous sommes parfaitement d'accord avec tous les hommes compétents, que, avec le système de perception actuellement employé, plus de 20 millions d'hectolitres échappent tous les ans à la taxe.

En ne prenant même que la moitié de cette quantité, nous arriverons au chiffre de 60 millions qui seront frappés tous les ans par l'adoption de notre projet, et qui, à 3 fr., produiront .... 180 millions.

La bière, à 1 fr. l'hectolitre, produira.............. 20 —

Le cidre, à 1 fr. — — .... 15 —

Total................... 215 millions.

Le payement aura lieu au moment de la sortie de chez le producteur, et le montant en sera versé à la caisse du percepteur, c'est-à-dire sans la plus légère augmentation de dépense pour ce fonctionnaire.

Pour ce qui règle l'exportation et l'importation des vins, notre projet ne fait que suivre les dispositions des lois actuelles.

Pour le vinaigre nous pensons qu'il ne doit pas payer de droit puisqu'il l'aura acquitté sur le vin ou l'alcool qui auront servi à sa fabrication.

L'article 16 fixe le titre alcoolique que ne devront pas dépasser les vins destinés à la consommation intérieure ; au-dessus de 15° ils seront passibles d'une surtaxe.

Ce titre nous a paru suffisant pour offrir une garantie de bonne conservation.

Nous ne demandons d'exception à cette règle qu'en faveur du Vermouth et des vins d'imitation, Madère, Xérès, Malaga, etc., etc. Cette fabrication étant une industrie essentiellement nationale, il faut la protéger autant que les nécessités budgétaires le permettent.

Ce que nous demandons en somme pour le remplacement de l'impôt des vins, n'est autre chose que ce qui est pratiqué *par l'octroi* et la régie, dans les villes de 4,000 âmes et au-dessus, chez les propriétaires récoltants, ce qui se pratique également pour la production de l'huile dans les départements du Midi.

Les propriétaires récoltants déclarent ce qu'ils ont produit.

Si votre Commission demande que l'impôt sur le vin soit à l'avenir classé dans les impôts directs, elle n'hésite pas à reconnaître qu'il ne peut pas en être de même actuellement pour la taxe qui frappe l'alcool ; l'impôt sur l'alcool doit, à son avis, continuer à être perçu par les Contributions indirectes.

La fabrication de l'alcool, aussi longtemps que l'impôt sera maintenu, devra être surveillée par les agents des Contributions indirectes, et cette surveillance sera rendue bien plus facile et plus profitable aux intérêts du fisc par l'adoption de notre projet relatif aux vins, cidres, poirés.

Le personnel disponible devenant plus nombreux, l'Administration pourra faire surveiller par une permanence continuelle toutes les usines, grandes ou petites, qui produisent de l'alcool ; de cette façon *toutes les quantités qui se produisent étant prises en charge*, le Trésor sera assuré que fatalement elles arriveront tôt ou tard à la perception.

Alors, *liberté absolue de la circulation*, c'est-à-dire plus de procès-verbaux, plus d'entraves, plus de vexations, mais aussi plus de partage d'amendes et plus de dénonciateurs à payer.

En même temps que la morale le Trésor y gagnera considérablement.

Par suite du privilége inexplicable dont jouissent les bouilleurs de crû, dans les pays à cidre comme dans les pays vignobles, plus d'un tiers de la consommation d'alcool en France échappe à la perception ; dans la basse Normandie et dans certaines contrées du Midi, la proportion est encore plus grande ; il est des pays où, sur 100 litres d'alcool livrés à la consommation, *10 litres* à peine acquittent la taxe.

En adoptant notre projet de réforme, on fera entrer tous les ans dans les caisses de l'Etat, les droits sur plus de 500 mille hectolitres d'alcool consommés en fraude, et votre Commission ne fixe ce chiffre que pour rester encore bien au-dessous de la vérité.

Que le Parlement ordonne une enquête *en dehors de l'action et de l'influence de la régie*, et il sera bien vite convaincu de l'exactitude de notre affirmation.

En 1879, les droits ont été perçus sur :

1.522.000 hectolitres d'alcool livrés à la consommation.

Si, à ce chiffre, nous ajoutons seulement

500.000 hectolitres consommés annuellement en fraude, nous arrivons à

2.000.000 d'hectolitres qui se consomment réellement, et qui, à la taxe de 100 fr. l'hectolitre, produiront...................... 200 millions.

Produit de la taxe sur les vins, cidres, bières, poirés, etc., etc.. 215 —

Total...................., 415 millions.

Le rendement de l'impôt des boissons a été porté au budget de 1880 pour 409 millions.

Comme beaucoup d'autres Administrations en France, dame Régie a la prétention d'être parfaite, elle existe depuis un siècle !! Elle a des habitudes, un système, mais elle ne voit pas, ou elle ne veut peut-être pas voir que ce système qui pouvait être pratique, il y a trente ans, et sauvegarder suffisamment les intérêts du Trésor, alors que l'alcool ne payait que 40 fr., est absolument défectueux aujourd'hui, qu'elle est impuissante à réprimer la fraude, malgré toutes les entraves dont elle embarrasse le commerce.

L'unification des taxes sur l'alcool est une amélioration sur laquelle nous croyons inutile d'insister ; elle est indiquée par le bon sens et surtout par l'équité. Si certains impôts ont été votés à la suite de nos désastres et sous l'empire de nécessités pressantes, impérieuses, on doit en débarrasser le pays dès que la situation financière le permet.

Le droit sur l'alcool doit être unique, qu'il soit perçu sous forme de liqueur, d'absinthe, d'eau-de-vie ou de trois-six.

Pour arriver à la liberté absolue de la circulation, votre Commission n'a trouvé qu'un seul moyen :

Le payement de la taxe au moment de l'enlèvement chez le producteur, de cette façon, la fraude devient à peu près impossible.

Mais, afin de ne pas créer un privilége au profit des grosses bourses, et en raison de l'importance de la taxe, elle croit qu'il doit être accordé pour l'acquittement des droits les mêmes facultés que l'on accorde pour le payement des droits sur les sucres et sur les bières.

Obligations à 3, 6, 9 et 12 mois de terme ; elle demande également qu'il soit créé dans les principaux centres commerciaux des entrepôts réels, où l'alcool arrivera avec suspension du payement des droits.

La question de la prise en charge des quantités d'alcool produites par la distillerie pourra être tranchée de différentes faço ns :

Soit au moyen de la permanence ;

Soit à l'aide du compteur si on arrive à en découvrir un d'une exactitude mathématique.

Soit, comme cela se pratique en Allemagne, en prenant pour base la capacité de l'alambic et les journées de travail ; à notre avis, le moyen le plus simple et le plus pratique, c'est la permanence.

Le producteur d'alcool restant soumis à l'exercice, il est juste qu'il lui soit accordé la suspension du payement des droits sur tous les produits alcooliques à rectifier qu'il recevra dans son usine.

La taxe ne doit frapper que les alcools livrés à la consommation. Le législateur n'a jamais voulu atteindre les quantités qui sont absorbées, soit par les déchets de voyage, soit par les déchets de fabrication ; agir autrement, ce serait maintenir le commerce français dans un état d'infériorité vis-à-vis de celui des nations voisines et le mettre dans l'impossibilité de lutter principalement sur les grands marchés d'Amérique ; les déchets de fabrication étant en moyenne de 5 à 6 %, ce qui, avec les droits actuels de 218 fr. 75 par hectolitre d'alcool, représente environ 13 francs par hectolitre d'alcool, fabriqué ou transformé, comment est-il possible de lutter avec les industriels allemands, anglais, autrichiens, américains, qui n'ont pas à supporter des droits sur les quantités représentées par leurs déchets de fabrication.

Par sa surveillance, la régie constatera ces déchets, et elle s'assurera qu'ils existent réellement, ce qu'elle sait, du reste, puisqu'elle l'a reconnu dans différentes circulaires (voir circulaire n° 47 du 8 avril 1872, pages 13, 14) et il en sera donné décharge.

La même allocation devra être accordée aux industriels fabricants d'absinthe, bitter, cassis, qui ont dans leur fabrication des déchets considérables ; comme les précédents, ils recevront l'alcool avec suspension du paiement des droits, mais ils seront soumis comme eux à une surveillance permanente des employés de la régie.

La question de savoir si la décharge des déchets de fabrication ne devait pas être également accordée aux distillateurs-liquoristes a été longuement discutée dans la Commission, mais il a été unanimement reconnu que l'on ne pouvait y arriver qu'en les soumettant à l'exercice, et les principaux représentants de cette industrie ont été d'avis qu'il était préférable pour eux de supporter ces déchets et avoir la liberté.

Relativement à l'exportation et à l'importation de l'alcool, notre projet n'est que la continuation du régime actuel.

Le prix de 25 francs par hectolitre d'alcool employé au vinage des vins permettra au commerce français de soutenir *en France* la concurrence des vins étrangers, ce qu'il ne peut plus faire depuis la signature des traités de commerce Espagnol et Italien.

Une des dispositions les plus importantes de notre projet de réforme est celle qui fait l'objet de l'article 35.

En adoptant notre proposition, en même temps qu'il fera œuvre de justice, le Parlement augmentera d'au moins 50 millions par an le rendement de l'impôt sur l'alcool.

Où s'alimente la fraude ?

A la production que l'on n'a pas le droit de surveiller, qui peut travailler sans rendre de comptes à personne.

Que l'on supprime ce privilége, et du même coup, on supprimera la fraude.

Le temps des priviléges est passé, *tous les Français doivent être égaux devant la loi.*

Pour nous résumer, nous ajouterons que notre projet de réforme est simple, facile à appliquer, c'est, en un mot le régime de Paris étendu à toute la France.

Les Membres de la Commission,

Président :

M. J. GUERLIN, Président de la Chambre Syndicale de la Mayenne.

Rapporteur :

M. A. LAMOUROUX, Président de la Chambre Syndicale de l'arrondissement de Nîmes.

Secrétaire :

M. A. FOURNIER, Président de la Chambre Syndicale de Saint-Etienne (Loire).

Membres:

MM. LACOMBE, Membre de la Chambre Syndicale de Paris;

HAMELET, Vice-Président de la Chambre Syndicale de l'Orne;

LEVILLAIN, Vice-Président de la Chambre Syndicale de Rouen;

MOREAU, Président de la Chambre Syndicale de la Loire-Inférieure;

DAVIOUD, Vice-Président de la Chambre Syndicale du Havre;

FOLLET-BOCQUET, Président de la Chambre Syndicale de la Somme;

SIGAUD, Membre de la Chambre Syndicale de Paris.

Paris, 1er février 1880.

PROJET DE RÉFORME

DE L'IMPOT DES BOISSONS

PRÉSENTÉ PAR LE

SYNDICAT GÉNÉRAL DES CHAMBRES SYNDICALES DU COMMERCE EN GROS

DES VINS & SPIRITUEUX DE FRANCE

RUE LE REGRATTIER, 2. — PARIS

VINS, CIDRES, POIRÉS ET HYDROMELS

1. Abrogation de toutes les Lois, Décrets et Ordonnances relatifs à l'impôt des Boissons.

Voies et Moyens :

2. Après la récolte, le producteur sera tenu de déclarer à la mairie de sa commune les quantités qu'il aura récoltées.

3. La sincérité de cette déclaration sera vérifiée par tels moyens que l'Administration jugera convenables.

4. Une pénalité sera édictée contre les fausses déclarations.

5. Une pénalité plus rigoureuse sera édictée contre le défaut de déclaration.

6. Une tolérance, pour erreurs réputées de bonne foi, sera accordée sur les déclarations.

7. Une allocation de. . . pour cent par an, pour déchets, ouillage et soutirage dans les celliers, sera accordée aux producteurs.

8. La taxe unique de consommation sera calculée à raison de 3 francs par hectolitre de cidre, poiré et hydromel.

9. L'acquittement de la taxe aura lieu au moment de l'enlèvement, et, tous

les ans avant la récolte, il sera fait un état des quantités restant des récoltes précédentes.

10. Le montant de la taxe sera versé entre les mains du percepteur.

11. **La Circulation sera absolument LIBRE.**

12. Le remboursement de la taxe pour les vins destinés à l'exportation, sera fait à leur sortie du territoire français; mais il ne pourra être accordé que sur ceux dont la richesse alcoolique atteindra 9 degrés d'alcool minimum.

13. Au cas ou, soit par incendie, soit par inondation, soit par toute autre cause, tout ou partie de la récolte serait détruit chez le producteur, celui-ci devra immédiatement faire constater le sinistre par qui de droit et en donner avis dans les 24 heures au contrôleur des Contributions directes; les formalités remplies, il lui sera donné décharge des droits représentés par la marchandise détruite.

14. Pour les vinaigres, il ne sera perçu aucun droit, les vins destinés à la vinaigrerie les ayant déjà acquittés.

15. En dehors des droits de Douane qu'ils auront acquittés, les vins étrangers importés en France seront placés sous le régime des vins indigènes.

16. Les vins destinés à la consommation intérieure ne pourront pas dépasser 15 degrés d'alcool : une exception sera faite en faveur des vins d'imitation et du vermouth, qui pourront être portés à 19 degrés au moyen de l'avinage.

Le projet ci-dessus, présenté par la Commission nommée par le Syndicat général des Chambres syndicales du Commerce en gros des Vins et Spiritueux de France, réuni à Paris en session extraordinaire, les 26, 27, 28, 29, 30, 31 janvier et 1er février 1880, a été adopté à l'unanimité, moins une voix.

Les Membres de la Commission,

Président : M. J. Guerlin, Président de la Chambre syndicale du département de la Mayenne.

Rapporteur : M. A. Lamouroux, Président de la Chambre syndicale de l'arrondissement de Nîmes.

Secrétaire : M. A. Fournier, Président de la Chambre syndicale de Saint-Etienne (Loire).

Membres :

MM. Lacombe, membre de la Chambre syndicale de Paris ;
Hamelet, vice-président de la Chambre syndicale de l'Orne ;
Levillain, vice-président de la Chambre syndicale de Rouen ;
Moreau, président de la Chambre syndicale de la Loire-Inférieure ;
Davioud, vice-président de la Chambre syndicale du Havre ;
Folet-Bocquet, président de la Chambre syndicale de la Somme ;
Sigaud, membre de la Chambre syndicale de Paris.

Le Président du Syndicat général,
F. JARLAULD,
Président de la Chambre syndicale de Paris.

Paris, le 1er Février 1880.

ALCOOLS.

17. Abrogation de toutes les Lois, Ordonnances et Décrets relatifs à cet impôt

Voies et Moyens.

18. Unification des taxes sur l'alcool.

19. Tout détenteur d'appareils devant produire de l'alcool, sera tenu d'en faire la déclaration dans les quinze jours de la mise en vigueur de la loi.

20. Toute infraction à l'article ci-dessus sera punie rigoureusement.

21. Le paiement de la taxe sur l'alcool aura lieu au moment de l'enlèvement chez le producteur, avec faculté, pour l'acheteur, de se libérer au moyen d'obligations à terme.

22. Il sera établi des entrepôts réels dans les principaux centres commerciaux.

23. La prise en charge chez le producteur d'alcool aura lieu, soit au moyen de l'exercice, soit au moyen de compteurs, soit en se basant sur la capacité des alambics et les journées de travail ; le tout au choix du distillateur.

24. De sévères pénalités seront édictées contre les introductions et les enlèvements clandestins.

25. **La circulation sera absolument LIBRE.**

26. Une allocation de..... pour cent par an, pour déchet et ouillage de magasin sera accordée au producteur d'alcool seulement, sur les quantités en existence dans son magasin.

27. La suspension du paiement des droits sera accordée aux industriels qui reçoivent de l'alcool à rectifier ; il leur sera accordé une allocation de..... pour déchets de rectification.

28. La même allocation sera accordée aux industriels-fabricants d'absinthe, bitter et cassis.

29. La taxe sera établie à raison de 100 fr. par hectolitre d'alcool pur.

30. Au cas où, soit par incendie, soit par tout autre accident, tout ou partie des existences serait détruit chez le producteur d'alcool, celui-ci, pour arriver à la décharge des droits sur les quantités détruites, devra remplir les mêmes formalités qui ont été indiquées pour les vins.

31. La même faculté sera accordée aux négociants qui auront acquitté les droits.

32. Le remboursement intégral des droits sera fait à la sortie du territoire français, pour les alcools destinés à l'exportation.

33. En dehors des droits de douane, les alcools étrangers importés en France seront placés sous le régime des alcools indigènes.

34. L'alcool employé à la vinaigrerie ou au vinage des vins ne sera passible que d'une taxe de 25 fr. par hectolitre d'alcool pur, et la différence avec les droits déjà acquittés sera remboursée dans les huit jours de l'emploi.

35. La distillation des vins ne pourra jamais avoir lieu qu'après que l'Administration en aura déterminé la richesse alcoolique.

36. Toute distillation clandestine sera punie rigoureusement.

37. Il sera accordé à tous les entrepositaires, marchands en gros et débitants non rédimés, un délai de trois ans au moins, à partir du jour de la promulgation de la loi, pour se libérer envers le Trésor des droits représentés par leurs existences en magasin.

38. Les alcools dénaturés, qui ne pourront jamais l'être que chez l'industriel, seront passibles d'une taxe de 10 fr. par hectolitre d'alcool pur, et la différence avec les droits déjà acquittés sera remboursée dans les huit jours de la dénaturation.

39. La revivification de l'alcool dénaturé ou ayant servi au vinaigrage sera punie très-rigoureusement.

Le projet ci-dessus, présenté par la Commission nommée par le Syndicat général des Chambres syndicales du Commerce en gros des Vins et Spiritueux de France, réuni à Paris, en session extraordinaire, les 26, 27, 28, 29, 30, 31 janvier et 1er février 1880, a été adopté à l'unanimité, moins une voix.

Les Membres de la Commission :

Président : M. J. GUERLIN, président de la Chambre syndicale du département de la Mayenne.

Rapporteur : M. A. LAMOUROUX, président de la Chambre syndicale de l'arrondissement de Nîmes.

Secrétaire : M. A. FOURNIER, président de la Chambre syndicale de Saint-Etienne (Loire).

Membres :

MM. LACOMBE, membre de la Chambre syndicale de Paris ;

HAMELET, vice-président de la Chambre syndicale de l'Orne ;

LEVILLAIN, vice-président de la Chambre syndicale de Rouen ;

MOREAU, président de la Chambre syndicale de la Loire-Inférieure ;

DAVIOUD, vice-président de la Chambre syndicale du Havre ;

FOLET-BOCQUET, président de la Chambre syndicale de la Somme ;

SIGAUD, membre de la Chambre syndicale de Paris.

Le Président du Syndicat général,

F. JARLAULD,

Président de la Chambre syndicale de Paris.

Paris, le 1ᵉʳ février 1880.

Le projet ci-dessus présenté par la Commission nommée par le Syndicat général des Chambres syndicales du commerce en gros des vins et spiritueux de France, réuni à Paris en session extraordinaire, les 26, 27, 28, 29, 30, 31 janvier et 1ᵉʳ février 1880, a été adopté à l'unanimité moins une voix.

Le Président du Syndicat général,

F. JARLAULD,

Président de la Chambre syndicale de Paris.

Paris, le 1ᵉʳ février 1880.

Argentan. — Typ. et Lith. veuve POTET.